LA

SITUATION FINANCIÈRE

ET

L'IMPOT

SUR LES REVENUS MOBILIERS

PAR

M. Ernest LEENHARDT

Juge au Tribunal de Commerce de Montpellier, Membre de la Société d'Agriculture de l'Hérault.

MONTPELLIER

TYPOGRAPHIE DE PIERRE GROLLIER, RUE DU BAYLE, 10

1871

Quand nous publiâmes, au mois de mars dernier, dans le *Messager du Midi*, les quelques pages qu'on va lire, devançant par des évaluations approximatives les Exposés financiers qui ont paru depuis, nous n'espérions pas nous rapprocher autant de la réalité.

Mais ce que l'événement n'a pas justifié au même degré, c'est notre confiance dans l'esprit d'initiative du Gouvernement relativement aux nouveaux impôts qu'il nous paraissait nécessaire de proposer à l'Assemblée, pour rétablir, après tant de désastres, l'équilibre dans notre situation financière. Dans l'accomplissement de cette lourde tâche, le gouvernement de M. Thiers s'attache trop obstinément à des idées qui sont évidemment en désaccord aujourd'hui avec les lois de l'expérience aussi bien qu'avec celles de la science et du progrès. — Il est impossible de ne pas le constater, malgré nos sympathies pour lui à d'autres points de vue.

Il a été reconnu que les nouvelles charges que les événements nous imposent pour un certain nombre d'années, s'élèveront à peu près à 600 millions par an. — Nous ne dirons rien des 300 millions d'impôts nouveaux qui sont déjà votés. — L'empressement qu'a mis l'Assemblée à les établir est la meilleure preuve que tout le monde est à peu près d'accord pour ne pas en discuter le principe dans les circonstances actuelles. Mais la seconde partie des propositions de M. Pouyer-Quertier est, au contraire, très-sérieusement critiquée : elle consiste, comme on le sait, à demander à peu près 150 millions aux contributions indirectes et 150 millions à un nouvel impôt qui frapperait les matières premières.

En ce qui concerne les contributions indirectes, le produit de l'impôt est presque toujours en raison de la modération de la taxe. — Si ce produit s'est élevé dans les vingt dernières années de 600 à 1200 millions, ce qui est énorme, c'est précisément parce qu'il n'y a eu aucune aggravation de taxe, et que ce résultat a été la conséquence du simple développement de l'aisance et de la prospérité publique. — Les 150 millions de plus que l'on demande aujourd'hui à l'élévation de l'impôt ne nous paraissent pas, le moins du monde, d'une rentrée certaine, parce que les nouvelles taxes comprimeront, dans une certaine mesure, l'essor de la consommation et ralentiront évidemment ce mouvement ascensionnel constant, auquel nous assistions depuis vingt ans.

Dans ce projet, l'impôt de circulation sur les vins se trouve doublé ! Il faut que les agitations politiques nous fassent bien perdre de vue nos affaires, pour que de pareilles mesures passent à peu près inaperçues dans le Midi, où on aurait dû leur opposer une si vive résistance ! Il n'y a pas à se faire d'illusion ; la Chambre n'a pas le temps d'étudier autre chose ; elle va être prorogée, et votera sans doute auparavant ces taxes additionnelles sur les contributions indirectes proposées par le Gouvernement, quelque contestable qu'en soit l'opportunité.

Mais quant aux 150 millions qui restent à trouver pour arriver aux 600 millions qui nous sont nécessaires, l'affaire ne se discutera probablement qu'après les vacances, car l'Assemblée est, dit-on, très-portée à repousser l'impôt malencontreux sur les matières premières qui lui a été soumis, et à accueillir les propositions formulées par M. Casimir Périer et plusieurs autres membres, d'après lesquelles les revenus mobiliers seraient enfin atteints.

C'est ce qui nous décide à reproduire, sous forme de brochure, la partie de nos *Études financières* du mois de mars dernier qui avait pour but de demander l'établissement d'un impôt qui atteignît, en effet, les rentiers, trop privilégiés jusqu'ici dans la répartition des charges publiques.

Le parti conservateur doit plus que jamais se pénétrer aujourd'hui de cette pensée, qu'il est certaines réformes qui ne peuvent plus être différées. En présence des attaques audacieuses dont l'ordre social est l'objet, il ne suffit pas de repousser énergiquement des tentatives criminelles ; il faut aussi défier les attaques, en améliorant sans cesse les parties défectueuses de l'édifice.

Dans cet ordre d'idées, trois réformes urgentes s'imposent à notre patriotisme :

1° L'impôt sur les revenus mobiliers, qui sera un complément équitable de notre système d'impôts, et dont l'effet moral sera aussi important que le résultat pécuniaire, en ce qu'il peut contribuer à diminuer les sentiments de jalousie qui animent certaines classes les unes contre les autres ;

2° L'instruction primaire gratuite et obligatoire, qui sera la meilleure garantie de la société contre les mauvaises passions qui la menacent ;

3° Enfin, le service militaire imposé à tous les citoyens, seul système en harmonie avec des institutions démocratiques, réforme indispensable pour assurer notre indépendance nationale et, dans l'avenir peut-être, la délivrance des chères provinces qui nous ont été arrachées par la force.

Les hommes de progrès peuvent être encore divisés sur la question de savoir quelle est la forme de gouvernement qui réussira le mieux à concilier, d'une manière définitive, les idées d'ordre et celles de liberté.

Mais ils doivent reconnaître que, dans tous les cas, ces réformes sociales leur seront d'un puissant secours pour favoriser l'apaisement des esprits, pour faciliter la réorganisation intérieure du pays, et pour faire reprendre à la France son rang parmi les nations.

Montpellier, le 20 août 1871.

Ernest LEENHARDT.

LA
SITUATION FINANCIÈRE

ET

L'IMPOT

SUR LES REVENUS MOBILIERS

―――

Montpellier, 15 mars 1871.

En présence de l'énorme indemnité de guerre que nous avons à payer, chacun se demande en ce moment, en France, comment nous parviendrons à réunir les cinq milliards exigés par la Prusse, sans écraser les contribuables, ou sans aggraver outre mesure notre dette nationale.

Pour pouvoir se former une opinion à l'égard des combinaisons diverses dont il peut être question dans le public, il est nécessaire, ce me semble, d'avoir sous les yeux un aperçu sommaire de notre situation économique et financière.

Dans le cas où il s'agirait d'un emprunt très-considérable, quelle est déjà l'étendue de notre dette nationale?

Dans le cas où il s'agirait d'obtenir de nouvelles recettes par l'impôt, qu'elle est déjà la somme des contributions diverses prélevées chaque année pour le compte de l'État?

C'est ce que nous essayerons d'examiner rapidement, dans l'intérêt de la partie du public qui n'a pas le temps de se livrer à ces études, et qui sera ainsi mise en mesure d'apprécier le mérite de telle ou telle combinaison, lorsque le Gouvernement nous fera connaître ses projets.

Voici quels étaient, avant la guerre, les principaux éléments de la dette :

1. *Dette consolidée*. — Elle s'élevait à 375 millions à peu près de rentes annuelles inscrites au Grand-Livre.

2. *Dette flottante*. — Elle approchait d'un milliard, représentant les comptes de l'État avec les Communes, les Hospices, les Caisses d'épargne, etc.

3. *Dette des cautionnements*. — Elle s'élevait à 300 millions en capital.

4. *Dette vis-à-vis des Compagnies de chemin de fer*. — Ces engagements à long terme sont de plus d'un milliard ; mais nous avons en échange la nue propriété des chemins de fer, à l'expiration des concessions.

C'est donc en tout une dette de 10 à 11 milliards, absorbant le quart du budget, rien que pour le service des intérêts.

Emprunter aujourd'hui 5 ou 6 milliards de plus, soit pour le payement de l'indemnité de guerre, soit pour liquider nos dépenses, serait certainement augmenter de beaucoup une charge déjà bien lourde ; mais, même en présence de cette cruelle extrémité, la situation financière de la France n'en resterait pas moins supérieure à celle des principaux états de l'Europe. Il est nécessaire de le dire, afin de réagir contre des efforts faits pour porter atteinte à notre crédit, et nous rendre ainsi plus lourdes les charges de l'avenir.

Pour ne parler que de l'Angleterre, dont le crédit est au premier rang, surtout à cause de la stabilité de ses institutions, sa dette est encore de 19 milliards, et le service des intérêts absorbe non pas le quart, comme chez nous, mais le tiers de son budget annuel.

Si les malheurs d'autrui pouvaient nous consoler des nôtres, nous rappellerions aussi que, après les guerres européennes du commencement du siècle, l'Angleterre épuisée avait un budget de 4 milliards, auquel elle faisait face par les plus lourds sacrifices, et une dette de 24 milliards.

La guerre de la sécession américaine avait élevé à plus de 25 milliards la dette des États-Unis, il y a quelques années.

Grâces à Dieu, nous sommes, malgré toutes nos fautes passées et malgré tous nos revers, bien loin d'une pareille situation; et à la condition de ne pas reculer devant des mesures financières énergiques, pour assurer par de nouvelles ressources l'intérêt et l'amortissement d'un emprunt de 5 à 6 milliards, nous pouvons encore, avec du travail et de l'économie, réparer ainsi peu à peu nos désastres et déjouer les calculs perfides de M. de Moltke et de M. de Bismark.

Ils auront réussi par leurs exigences à élever à 16 ou 17 milliards la dette de la France. Mais nous nous résignerons patriotiquement, comme les États-Unis et comme l'Angleterre, après leurs grandes guerres, à des mesures financières énergiques, qui nous ramèneront rapidement à une situation normale.

Ceci nous amène à passer en revue les charges diverses que nous fait actuellement supporter l'impôt.

Le budget des recettes de l'État s'élevait à 2 milliards 200 millions.

Il faut retrancher les recettes fictives qui appartiennent en réalité aux budgets des départements et des communes, les revenus de l'État, le produit des domaines, celui des forêts, etc., et il reste *un milliard huit cent millions de recettes, obtenues chaque année par l'impôt*, comme suit :

Contributions directes,............	320 millions.
Enregistrement et timbre,.........	430 »
Contributions indirectes,..........	850 »
Douanes,.......................	150 »
Postes,.........................	52 »
Impôts perçus en Algérie,.........	18 »
TOTAL.............	1,820 millions.

Le revenu net de la fortune publique étant, d'après les statistiques les plus autorisées, d'environ 16 milliards, c'est à peu près le dixième qui était prélevé, sous diverses formes, au profit de l'État.

Dans ces conditions, tous les services publics étaient assurés, ainsi que l'intérêt de la dette.

Mais, si l'on contracte aujourd'hui un nouvel emprunt de 5 ou 6 milliards, il faut pour assurer le service des intérêts et l'amortissement se procurer 4 à 500 millions par an de nouvelles ressources, ou bien réaliser cette somme par des économies sur les dépenses publiques.

Nous avons bien la confiance que les économies pourront atteindre ce chiffre, par la suppression désormais de toute dépense qui n'aura pas un caractère de nécessité absolue. Ainsi, pour le moment, l'économie d'une liste civile, de plusieurs riches dotations, la suppression du cumul, la réduction de tous les gros traitements doivent être nos premiers pas dans cette voie.

Mais gardons-nous de baser un emprunt sur les économies en perspective, car elles contrebalanceront difficilement, malgré tous nos efforts, les déficits qui nous attendent sur les recettes antérieures.....

La France, diminuée et meurtrie, ne peut pas consommer, vendre, acheter, produire, dans la même mesure que par le passé, et toutes les sources de revenus de l'État seront évidemment diminuées. Réservons donc toutes les économies à faire sur le budget, pour payer des déficits inévitables, et préoccupons-nous de trouver 4 à 500 millions par an de ressources *nouvelles*, pour les affecter spécialement à l'intérêt et à l'amortissement, en une vingtaine d'années, de l'emprunt qui liquidera cette malheureuse guerre, et nous permettra de débarrasser immédiatement notre territoire de la présence odieuse de l'ennemi.

L'ensemble des impôts s'élevait, comme nous l'avons dit, *en moyenne*, au dixième des revenus de la France. Ce serait le huitième désormais, et pendant un certain nombre d'années, que la différence ne serait pas très-sensible si l'impôt était équitablement réparti.

Ainsi, à quatre personnes par famille, il y a 10 millions de familles payant actuellement, l'une dans l'autre, 180 fr. d'impôts divers.

Ce serait à 230 fr. désormais que pourrait s'élever cette moyenne, pour le temps nécessaire à l'extinction de la dette que nous allons probablement contracter.

Voilà la mesure du sacrifice supplémentaire que nous imposerait une charge additionnelle de 500 millions pour l'intérêt et l'amortissement à bref délai de cette nouvelle dette, si l'impôt était équitablement réparti en France, d'après la fortune de chacun.

Malheureusement jusqu'ici, tandis que certaines sources de revenu sont très-lourdement atteintes, il en est d'autres qui échappent presque complétement à l'impôt. Il y a, par exemple, injustice flagrante à voir le travail frappé sous toutes les formes, tandis que le capitaliste oisif encaisse intégralement ses revenus.

Il faudrait sinon dégrever les uns, ce qui n'est évidemment pas possible en ce moment, du moins se décider enfin à atteindre les autres, afin de se rapprocher autant que possible d'une moyenne prise *sur tous les revenus*, qui ne serait pas assurément hors de proportion avec les ressources de notre pays.

Nous venons de présenter un tableau sommaire de notre dette nationale et de nos divers impôts.

Cette situation financière permet-elle d'affronter sans péril pour notre crédit un emprunt aussi considérable que celui dont il est question en ce moment?

Sur quelle portion de la fortune publique devront être

prélevées les ressources nouvelles nécessaires pour le service des intérêts et l'amortissement rapide de cet emprunt?

Ces deux questions sont probablement à cette heure la grande préoccupation du Gouvernement, et nous ne tarderons pas à connaître ses projets.

Le nouveau ministre des finances, M. Pouyer-Quertier, a assurément des opinions *ultra protectionnistes* qui ne sont guère partagées dans le Midi; mais c'est un homme très-éclairé, rompu aux affaires, doué de beaucoup de courage et d'initiative. On peut donc espérer que, malgré sa prédilection très-marquée pour l'élévation des droits de douane, il songe aussi à d'autres moyens financiers, pour résoudre les difficultés présentes, et pour répartir plus équitablement que par le passé les charges de l'impôt.

Nous prendrons la liberté d'exposer dans un prochain article les mesures qui nous paraîtraient désirables.

II

Nous avons analysé le budget de la France et montré que s'il y a de sérieuses économies à réaliser, il y aura, d'un autre côté, par suite de la perte d'une de nos plus riches provinces, des déficits considérables sur plusieurs branches du revenu public; et qu'il est dès lors absolument nécessaire de se créer de nouvelles ressources pour payer les 500 millions par an représentant l'intérêt et l'amortissement, en une vingtaine d'années, des 5 à 6 milliards que nous avons à solder pour délivrer le pays de l'invasion.

En décomposant les 1,800 millions de recettes diverses que nous procure déjà l'impôt, nous avons montré que ce sont les impôts de consommation (contributions indirectes, douanes, etc.) qui fournissent à peu près la moitié de cette somme, et que l'autre moitié est prélevée par les contributions directes, les patentes, l'enregistrement, etc., ou sur la fortune immobilière, ou sur le travail de toute nature, tandis que la fortune mobilière, très-considérable chez nous, est à peu près affranchie de toute redevance.

Il résulte de cette inégalité de répartition que, bien que tous les impôts au profit de l'État ne représentent qu'à peu près le dixième du revenu net de la fortune publique, généralement évaluée à 16 ou 17 milliards, la portion payée par certaines catégories de citoyens dépasse cependant de beaucoup cette proportion moyenne.

Nous en avons conclu, que si on veut agir équitablement dans les circonstances actuelles, on doit nécessairement imposer à la portion du revenu public qui a été à peu près dispensée jusqu'ici de participer aux dépenses de l'État, une partie tout au moins des charges nouvelles que les événements nous imposent, et nous avons cité l'exemple de *l'income-tax*, par lequel on atteint très-heureusement en Angleterre, et depuis longues années, les revenus mobiliers comme tous les autres.

Une description sommaire de cet impôt sur le revenu

nous paraît nécessaire avant d'examiner s'il peut y avoir lieu d'établir en France quelque chose d'analogue.

L'*income-tax* a été établi en Angleterre, en 1799 ; après avoir été supprimé et rétabli plusieurs fois, il a été définitivement réglé par l'acte de 1842, et a fonctionné jusqu'à ces dernières années sur les bases suivantes :

On créa cinq catégories de revenu imposable.

La première catégorie représente l'imposition de tous les immeubles, de toutes les terres, *à raison de la rente payée au propriétaire*. La taxe fut fixée à 7 pences par 20 schellings, soit près de 3 p. 0|0. Le revenu imposé était en 1861, époque à laquelle remontent nos notes, de...................... 2 milliards 900 mill.

La seconde catégorie comprend les mêmes immeubles, imposés, cette fois, *à raison des revenus ou bénéfices du fermier ou occupant*. La taxe fut fixée à 3 pences 1|2 par 20 schellings, soit près de 1 1|2 p. 0|0.

Revenu imposé ainsi........ 700 mill.

La troisième catégorie comprend les annuités ou rentes payables sur le revenu public, sur lesquelles il est prélevé 2 pences par 20 schellings, soit près de 1 p. 0|0.

Revenu imposé............ 500 mill.

La *quatrième catégorie* comprend les profits industriels ou commerciaux, ainsi que les revenus mobiliers de toute personne résidant en Angleterre, quand bien même ils proviendraient de fonds placés dans un autre pays. La taxe est de 7 pences par 20 schellings, environ 3 p. 0|0.

Revenu imposé .... 2 milliards 500 mill.

La *cinquième catégorie*, enfin, comprend tous les émoluments, offices ou emplois publics. La taxe est aussi de 7 pences par 20 schellings.

Et le revenu s'élève à....... 400 mill.

L'*income-tax*, en 1860, était donc perçu en Angleterre sur un revenu total de 7 milliards, dont nous venons d'indiquer les principaux éléments.

Il rapportait 250 millions. Il est bon d'ajouter que la loi de 1842 affranchit de cette taxe tout revenu inférieur à 2,500 fr.

Voici maintenant quelle était, à cette même époque, la recette des divers impôts en Angleterre :

Les douanes produisaient........ 500 millions.
Les droits d'accise............. 300 »
Le timbre.................... 200 »
L'impôt foncier *(land-tax)*....... 25 »
Diverses taxes somptuaires sur les chevaux, les chiens, les équipages, les domestiques, les armoiries, etc.,

1,025 millions.

D'autre part...	1,025 millions.	
sous le nom d'*assessed-taxes*........	50	»
Les postes........................	85	»
Recettes diverses...............	65	»
L'impôt sur le revenu *(income-tax)*.	250	»
TOTAL.......	1,475 millions.	

Comme on le voit, l'impôt sur le revenu est à peu près le sixième de la somme totale payée par les contribuables. Il est pour ainsi dire un complément équitable des autres impôts.

Le système financier de ce pays repose en majeure partie, comme en France, sur les impôts de consommation, qui forment une grosse moitié des revenus de l'État.

Seulement, tandis que l'autre moitié, en Angleterre, provient des sources diverses de revenus, en France, c'est presque exclusivement de la propriété immobilière, du commerce et de l'industrie.

Pour combler cette lacune ne pourrait-on pas, en ce moment, établir une taxe sur celles de nos branches de revenus qui figurent dans les catégories de l'income-tax anglais et qui ne sont pas imposées déjà chez nous?

Il est évident, par exemple, que si, en Angleterre, on a compris les revenus immobiliers dans les catégories de l'income-tax, c'est que l'impôt foncier proprement dit, ou *land-tax*, est très-faible, les évaluations sur lesquelles il repose datant de 1692. En France, au contraire, la propriété immobilière est déjà suffisamment imposée.

Il ne peut pas être question non plus de frapper, comme en Angleterre, par l'impôt sur les revenus, les locataires ou occupants; car nous avons jusqu'à un certain point, par la cote mobilière et l'impôt proportionnel sur les valeurs locatives, l'équivalent de cette taxe.

L'industrie et le commerce sont également déjà assez imposés par les patentes et diverses impositions accessoires.

Mais de l'étude de ces diverses catégories de l'income-tax, il résulte que les sources de revenu imposées chez nos voisins, et encore à peu près affranchies de toute contribution en France, sont :

1. Les rentes et annuités payables sur le revenu public ;

2. Les revenus mobiliers de toute personne, française ou étrangère, résidant en France, provenant même de fonds placés à l'étranger ;

3. Les émoluments ou salaires d'emploi public, supérieurs à 2,500 fr.

Nos notes remontent malheureusement à plusieurs années, et nous ne pouvons dès lors connaître les modifications qui ont pu se produire depuis lors. Mais à la date de nos renseignements, ces trois catégories représentaient en Angleterre un revenu imposé de près de 4 milliards et une recette de plus de 120 millions de francs.

En France, si on établissait une taxe de 5 p. 0|0 sur ces trois matières imposables, on arriverait, si nous ne nous trompons, à un produit annuel de près de

200 millions, car le revenu de la fortune mobilière seul est évalué à plus de 4 milliards.

Voilà dans quelle mesure pourrait être introduit dans notre pays, comme un complément équitable de notre système financier, l'impôt sur certains revenus.

Maintenant les taxes somptuaires établies en Angleterre, sous la rubrique d'*assessed-taxes*, rapportent une cinquantaine de millions. Ne pourrait-on pas arriver au moins chez nous à la moitié de ce chiffre ? Il paraîtrait juste de prélever sur les dépenses de luxe, dans les temps malheureux, une redevance au profit de l'État. Lorsqu'un désastre atteint une famille, ses membres les plus fortunés ne doivent-ils pas s'imposer sur leurs jouissances quelques sacrifices spéciaux pour aider à le réparer ? Ne fût-ce que pour consacrer ce principe, nous voudrions voir imiter avec persévérance les taxes de cette nature qui ont été établies en Angleterre.

Enfin, on pourrait avoir recours à des droits de douane, prudemment combinés, sur certains produits exotiques, tels que le sucre, le café, le cacao, le thé, etc., etc., qui, étant plutôt des denrées de luxe que des produits alimentaires de première nécessité, entrent pour une somme très-minime dans le budget de chaque ménage, et élever ainsi les recettes de la douane, de 60 à 80 millions. Il serait, en effet, peu logique que, la viande et le vin continuant à être lourdement taxés à l'intérieur, on se privât à la frontière de recettes fiscales sur des objets beaucoup moins importants pour les consommateurs, et qu'on a dégrevés au détriment du Trésor, sans qu'il en résulte pour chacun de nous un allégement bien appréciable. Cette ressource fiscale rétablirait l'égalité de situation devant l'impôt, et n'impliquerait en rien un retour aux idées de protection, qui consistent à frapper un produit étranger de droits assez élevés pour élever le prix du produit similaire français.

En résumé, par un impôt sur les gros traitements et sur les revenus des valeurs mobilières, par certaines taxes somptuaires et par des droits purement fiscaux à la frontière sur certains produits exotiques, on pourrait aisément arriver à 300 millions de recettes nouvelles; et au moyen d'un décime de guerre ajouté temporairement à tous les impôts perçus en France, s'élevant à près de 2 milliards, jusqu'à l'extinction de la dette que nous allons contracter, on arriverait aux 500 millions par an de nouvelles ressources nécessaires, sans compromettre l'équilibre du budget.

Mais il faut pour cela que la France reste calme, unie, et se remette courageusement au travail. Il faut que les prêteurs puissent avoir confiance, et que le développement des forces productives du pays ne soit pas entravé par des agitations incessantes. Car tous ces désordres nous coûteraient cher en ce moment. Un pour cent seulement de différence sur le taux auquel nous pourrons faire nos emprunts représente, pour 5 milliards, 50 millions par an, et par conséquent, un milliard en vingt ans, sans compter les intérêts !

En passant en revue ces quelques moyens de nous créer des ressources, d'une manière aussi équitable que possible, nous n'avons pas la prétention naïve d'indiquer d'une manière précise une solution du problème si grave et si complexe que nos représentants ont à résoudre.

Ce sont de simples *desiderata* que nous soumettons humblement à de plus compétents et à de plus autorisés en ces matières. Puissent-ils seulement trouver justes nos idées, et réalisables les ressources que nous avons évaluées avec des données nécessairement très-incomplètes!

Nous pourrions ainsi éviter le retour au système protecteur auquel ne sont probablement que trop enclins MM. Thiers, Pouyer-Quertier, Lambrecht, etc., système qui ne remplirait les caisses du Trésor qu'en sacrifiant les intérêts généraux de l'agriculture, du commerce et de l'industrie. Il aggraverait en même temps, au lieu de l'améliorer, la condition des classes salariées. Il faut être très-circonspects à cet égard.

Les États-Unis ont abusé des droits de douane au delà de toute mesure, et la conséquence immédiate a été le renchérissement de toutes les choses indispensables à la vie. C'est à tel point que, malgré des salaires qui s'élèvent à 15 et 20 fr. par jour pour certaines professions, les ouvriers ont toutes les peines du monde à suffire dans ce pays-là aux besoins de leurs familles.

Si nous imitions cet exemple, nous aurions une véritable perturbation dans les conditions économiques du pays.

Les Américains se persuadent qu'ils font payer aux produits étrangers les sommes énormes qu'ils perçoivent à la douane; mais c'est en réalité eux-mêmes qui les paient!

Nous éprouverions en outre comme eux, à titre de représailles, un ralentissement immédiat de la demande extérieure en produit nationaux, et le développement de nos débouchés est cependant un des pricipaux éléments de la prospérité publique. Il serait donc très-malheureux pour le pays, que l'on dénonçât, par exemple, le traité de commerce conclu avec l'Angleterre pour élever les droits sur les produits anglais.

III.

Quelles sont, en effet, les conditions de ce traité?

Nous nous sommes engagés à supprimer les prohibitions et à réduire nos droits de douane à 30 p. 0|0 au maximum. Ils ont été fixés après enquête, par une loi, à 30 p. 0|0 sur les fers étrangers, à 10 p. 0|0 sur les laines, à 15 p. 0|0 sur les tissus de coton, etc., etc.

L'Angleterre nous a accordé en échange les abaissements suivants :

Les droits sur nos vins ont été réduits de 151 fr. à 27 fr. 50 par hectolitre, jusqu'à 14 1|2 p. 0|0 d'alcool.

Nos étoffes, nos tissus de soie, nos rubans, payaient de 15 à 30 fr. par kilogramme; nos tissus payaient de 10 à 15 p. 0|0, les articles de Paris également; *tous ces droits ont disparu.*

Il y a une foule d'autres articles rayés complétement du tarif de douanes anglais.

Aussi, notre commerce avec l'Angleterre a-t-il pris une impulsion extraordinaire ; il a plus que doublé en quelques années.

Pour les vins, la Gironde a jusqu'ici profité seule,

il est vrai, de ces facilités nouvelles, nos vins communs n'étant pas encore entrés dans les habitudes de la consommation anglaise. Mais les exportations vinicoles de la Gironde en Angleterre s'élèvent déjà à plus de 156 millions.

L'industrie de bétail s'est largement développée aussi par suite du traité. Les bestiaux de la Normandie et de la Bretagne s'expédient beaucoup en Angleterre, et aujourd'hui ceux du centre de la France viennent les remplacer pour la consommation de Paris.

Le commerce des fruits s'est développé sur une large échelle avec l'Angleterre depuis dix ans. Nous y vendions pour 2 ou 3 millions à peine ; nos expéditions de fruits s'y élèvent à plus de 15 millions aujourd'hui.

Nous y exportons également pour 50 millions de beurre, pour 35 millions d'œufs, et pour 50 millions de graines diverses.

L'intérêt de l'agriculture est donc d'éviter toute cause de représailles, dont elle serait victime en perdant ces vastes débouchés.

L'intérêt des consommateurs est, comme celui du commerce, d'avoir toujours les relations les plus libres possibles.

Et quant à notre industrie, il nous reste à prouver qu'on lui porterait aussi la plus grave atteinte, en dénonçant le traité de commerce pour recourir au système des droits protecteurs.

Elle exporte en effet, en Angleterre :
(Chiffres de 1867.)
En tissus de soie, pour.......... 250 millions.

D'autre part...	230	millions.
En tissus de laine,...............	86	»
En mercerie,...................	53	»
En ouvrages en cuirs et peaux préparées,........................	65	»
En lingerie fine,................	15	»
En modes,....................	15	»
En tissus de coton et passementerie..	10	»
Total...................	474	millions.

de produits fabriqués.

Or, en regard de ces chiffres, voici le relevé des produits manufacturés anglais introduits en France, en négligeant de part et d'autre les articles d'un chiffre minime.

Nous recevons pour :

38 millions de tissus de laine.
25   »   de tissus de coton.
11   »   de machines.
9   »   de bâtiment en fer.
8   »   de fontes, fers et aciers.
5   »   de tissus de soie.
12   »   de fils ou tissus de lin et de chanvre.

Total : 108 millions de produits des fabriques anglaises.

En présence de cette statistique, qui est extraite des documents officiels de la douane, nous demandons à tout esprit impartial si l'industrie française, à moins de vouloir la prohibition complète des produits anglais, peut souhaiter des conditions plus favorables. En dehors de cette énumération, nous ne recevons d'Angleterre que des matières premières, pour 500 millions environ, dont on ne voudra pas sans doute faire renchérir le prix ; car ce serait agir contre notre intérêt le plus évident !

Et, au contraire, nous avons dans ce pays un débouché énorme de près de 500 millions de produits de nos fabriques, que l'on irait compromettre pour écarter du marché français quelques cotonnades anglaises, qui représentent environ la soixantième partie des quantités qui se fabriquent et se consomment en France !

Mais ce serait insensé ; et il nous paraît impossible que l'Assemblée consente au rétablissement du système protecteur, comme moyen de faire face aux nécessités que nous impose la liquidation de la guerre.

Pourquoi ne pas rétablir aussi du même coup l'échelle mobile et les droits sur les grains étrangers ?

Non, notre politique commerciale ne peut se mettre ainsi en opposition avec le caractère de nos institutions démocratiques.

Tous les efforts doivent tendre aujourd'hui au développement progressif du bien-être général ; et c'est par ce motif que nous serions heureux de voir donner la préférence à des moyens du genre de ceux que nous avons signalés, et qui ne compromettraient en rien les forces productives de la France.

Extrait du MESSAGER DU MIDI (1).

(1) Quelques chiffres seulement ont été modifiés dans cette se-

conde publication. Nos recherches aboutissent à 4 à 500 millions de nouveaux impôts, lorsque c'est plus de 600 qui sont aujourd'hui reconnus nécessaires. — Il nous suffira de faire remarquer que nous écrivions avant le règne de la Commune, avant tous les désastres qui ont suivi et qui ont influé sur le taux de notre crédit. Ces 100 millions de plus à trouver rendent d'autant plus nécessaire aujourd'hui l'application des principes développés dans ce mémoire, pour arriver au complément qui nous est nécessaire ; car toutes les sources de recettes atteignant le mouvement agricole, industriel et commercial du pays viennent vraiment d'être épuisées, dans le système des nouvelles taxes proposées par le Gouvernement et déjà votées par la Chambre.

www.ingramcontent.com/pod-product-compliance
Lightning Source LLC
Chambersburg PA
CBHW060528200326
41520CB00017B/5160